MITOLOGIA EGIZIA

Racconti dal pantheon egizio

Adam Andino

CONTENTS

INTRODUZIONE: BREVE STORIA DELL'ANTICO EGITTO

"Faraone, lascia andare il mio popolo!". Mosè, una figura presente nei testi biblici, una volta affrontò il faraone Ramses affinché permettesse al suo popolo, gli ebrei, di uscire liberamente dalla loro schiavitù. Quando il Faraone si rifiutò, fu accolto da sette potenti piaghe e orrori prima di permettere finalmente agli ebrei di andarsene liberamente. Se da un lato questa è una storia potente nella Bibbia che parla di fratellanza e di libertà, dall'altro dipinge la storia dell'antica cultura egizia come piena di degrado e blasfemia. A causa delle loro credenze religiose politeiste, il cristianesimo spesso diffamava gli antichi egizi e il loro diritto divino di governare.

Ogni cultura nella storia ha avuto la sua rappresentazione unica della schiavitù e del lavoro schiavo. Purtroppo, l'asservimento degli altri non è un concetto nuovo, ma sembra essere radicato nella natura umana. Tuttavia, l'impatto della schiavitù nell'antica cultura egizia non era così rilevante come veniva rappresentato nei testi religiosi e in altri testi. Gli schiavi venivano ancora utilizzati, ma erano prigionieri di guerra, trasgressori della legge o incapaci di pagare i debiti. Gli schiavi non appartenevano a una determinata cultura, ma erano principalmente costituiti da coloro che avevano fatto scelte sbagliate nella vita.

La cultura dell'antico Egitto era piena di vita e la celebrava così. È risaputo che gli antichi egizi nutrivano opinioni antagoniste nei confronti delle altre culture, ma derivavano semplicemente dalla convinzione che il loro stile di vita fosse superiore agli altri. Dai re e i faraoni alla classe contadina, tutti avevano un ruolo che contribuiva a migliorare la società.

La civiltà più longeva

L'antica civiltà egizia è durata oltre 3.000 anni, molto più a lungo del famigerato Impero Romano di oltre 1.000 anni. La loro civiltà si trovava sul fiume Nilo, nella parte settentrionale dell'Africa, il che favorì il commercio e altri interessi economici. La terra era fertile, quindi l'agricoltura, e quindi gli agricoltori, erano un'enorme risorsa per la loro civiltà. La terra era anche ricca di minerali e materiali da costruzione come il calcare e il granito, che contribuirono a finanziare ulteriormente il loro stile di vita. Di conseguenza, tre millenni passarono con l'ascesa e il declino di un impero e di numerose dinastie che concedevano al re (ed eventualmente al faraone) il diritto divino di governare la civiltà.

Il diritto divino di governare

I faraoni ottenevano il potere per il semplice fatto di essere nati o sposati in una dinastia. Secondo le loro tradizioni, il faraone era responsabile dell'intera civiltà. Ritenuti prescelti dagli dei, i re e i successivi faraoni, insieme agli altri membri della loro discendenza, avevano accesso al governo della terra. Questo era il motivo del loro stile di vita sfarzoso e delle loro ricchezze. In parte dio, in parte re e in parte sacerdote, il re aveva la responsabilità di assicurarsi che il suo popolo fosse felice e che gli venissero garantiti i mezzi necessari. Questo era noto anche come *ma'at*, ovvero equilibrio e armonia.

A differenza di altre civiltà e pantheon, la cultura egizia decretava la massima importanza dei testi scritti. Gli scribi, o scrittori, avevano il compito di trascrivere e registrare tutti gli eventi della giornata, soprattutto quelli delle classi sociali più elevate, come i membri della corte e il re. Gli avvenimenti quotidiani della classe superiore erano di estrema importanza e interesse per la gente comune, ma venivano documentati anche alcuni testi sulla vita dei contadini.

La vita quotidiana degli egiziani

L'agricoltura, una delle risorse più importanti per il commercio e gli scambi, ha influenzato la vita di molti egiziani. La classe più bassa era quella dei contadini e degli agricoltori. Questo non disincentivava il loro commercio e ringraziavano gli dei per il favore dei raccolti abbondanti. Tuttavia, quando il Nilo straripava ogni estate, venivano anche incaricati di lavorare ai progetti del re e venivano compensati per questo. Alcuni di questi progetti includevano la costruzione delle piramidi.

Il fabbro e l'artigiano erano considerati mestieri qualificati. Come nella società odierna, chi eccelleva nel proprio lavoro veniva preso in considerazione per una commissione dai re stessi e da altri membri di rango superiore della società.

L'esercito del regno egizio e del successivo impero era necessario per espandere i confini e fare conquiste. L'esercito egizio è stato il primo sistema militare organizzato e si è dimostrato capace di garantire la propria sopravvivenza. I membri dell'esercito erano generalmente arruolati: i generali di rango più elevato provenivano dalla classe superiore, mentre i soldati erano contadini e agricoltori. In genere, se una persona nasceva in una determinata classe, rimaneva in quella classe. Nel caso dell'esercito, tuttavia, si poteva salire di grado in base alle abilità in battaglia e alle qualità di leadership.

Le donne avevano anche più potere rispetto ad alcune società odierne. Potevano divorziare dai loro mariti, possedere un'attività commerciale, stipulare contratti con gli uomini e avevano persino il diritto di abortire. Le donne potevano anche essere sacerdote e avere la maggior parte delle posizioni di potere che avevano gli uomini, come il sacerdozio, ma potevano unirsi solo ai culti di una divinità del loro stesso sesso. Se una donna era sposata con un contadino, non arava i campi ma era la casalinga e aveva il compito di allevare i figli. Le donne non facevano parte dell'esercito e spesso non desideravano farlo. Entrambi i sessi si truccavano, in particolare con il *kohl*, che è essenzialmente una sorta di eyeliner pesante. Questo uso serviva a proteggere la pelle e gli occhi dalla durezza del sole e a ridurre l'abbagliamento.

Il culto degli dei

Gli Egizi credevano in una religione politeista, ossia in un pantheon di molti dei. Gli dèi e le dee controllavano ogni aspetto della vita, dall'agricoltura al clima, fino alla morte. La maggior parte delle persone andava addirittura a piedi nudi perché gli dei non avevano calzature e volevano rispecchiare questo effetto.

Uno degli effetti più influenti che le divinità ebbero sulla popolazione fu la costruzione delle piramidi stesse. Le piramidi erano tombe e ospitavano tutti i beni del re per il suo viaggio nell'aldilà. Di conseguenza, vennero costruite tombe enormi per garantire la conservazione delle loro ricchezze. Inoltre, anche la conservazione dei corpi era essenziale. La mummificazione e la rimozione degli organi non necessari, compreso il cervello, erano essenziali. Nell'aldilà, i re venivano poi giudicati da Anubi, il dio della morte, che pesava il cuore per vedere se erano degni di unirsi alla schiera degli altri re.

Oltre alla morte, le divinità rappresentavano anche l'importanza della vita e dell'armonia. Per ogni divinità, soprattutto per quelle più significative, venivano eretti dei templi. Ogni divinità aveva riti specializzati, rituali e altre pratiche cerimoniali associate a loro e al loro potere. La magia era considerata la base del loro potere che, secondo il mito egizio della creazione, era addirittura precedente agli dei stessi.

I festival e i divertimenti erano l'apice della pace e dell'armonia riflessa nel pantheon e nella civiltà. La maggior parte dei festival e delle celebrazioni erano a sfondo religioso, il che significava anche che la gente festeggiava inebriandosi, ringraziando quella divinità e chiedendo un favore per il futuro. Un esempio di festa sfarzosa era la Festa di Bast, che celebrava la nascita di Bastet, dea della fertilità, dei gatti e delle donne. La festa durava solo un giorno, ma era una delle più popolari. Alcuni testi sostengono che, al suo apice, vi partecipassero ben 700.000 persone. Era una giornata piena di danze, bevute e musica.

Gli dei e le dee erano una parte essenziale della vita quotidiana degli antichi Egizi. I sacerdoti nutrivano le statue degli dei che servivano tre volte al giorno. Preghiere e rituali venivano eseguiti quotidianamente da tutti i membri della società. Tutte le forme di scrittura erano considerate una registrazione del tempo e le divinità regnavano sulle loro biblioteche eterne. Gli dei regnavano su ogni aspetto della vita e persino sulla morte. Nel prossimo capitolo verrà presentato un elenco delle principali divinità e di ciò su cui regnavano.

CAPITOLO I: 14 DEI E DEE PRINCIPALI

L'antico pantheon egizio ispira ancora oggi stupore e creatività. Innumerevoli artisti si sono ispirati agli Egizi e film come *La mummia* hanno creato una rinascita dell'interesse per la mitologia egizia. Grazie alla quantità di racconti mitologici e di documenti storici, il pantheon egizio è uno dei più completi nel campo della mitologia. Quattordici dei e dee principali sono elencati e descritti di seguito. Alcune di queste divinità hanno diverse grafie di nome, che sono anche incluse.

Amun (Amon): Dio dell'aria

Amon, conosciuto come Amun-Ra negli ultimi anni della mitologia, era il dio dell'aria. In origine Amon era un dio minore della fertilità e una divinità protettrice di Tebe, ma nei successivi miti della creazione della civiltà era uno dei creatori del mondo. Si credeva che il suo nome significasse "il Nascosto", ma c'è ancora un alone di mistero nella sua etimologia. Amon era solitamente raffigurato con una corona massiccia e divisa in due.

Dopo la battaglia degli Hyksos, da cui gli Egizi uscirono vittoriosi, Amon divenne una delle divinità più importanti del pantheon. Verso la fine della civiltà si fuse con Ra, facendo sì che le due divinità diventassero gli esseri più potenti della mitologia.

Anubi: Dio della morte e dell'imbalsamazione

Anubi è forse una delle divinità più famose. Raffigurato come un uomo con la testa di sciacallo, era il dio della morte, più precisamente il dio dell'imbalsamazione e delle cure funebri, ed era noto soprattutto per il suo ruolo nel rituale che ogni anima subisce dopo la morte. Si credeva che non solo scortasse i morti attraverso la Sala della Verità prima del rituale, ma che fosse anche colui che lo eseguiva. Nella "pesatura del cuore", il cuore del defunto veniva pesato con la piuma di Ma'at, la dea della giustizia. Se il cuore era più pesante o più leggero della piuma, veniva concesso l'accesso al paradiso dell'aldilà. Se invece era più pesante a causa delle numerose ingiustizie presenti nel cuore, l'anima veniva data in pasto ad Ammit o al divoratore di anime.

Anubi e la sua famiglia erano pieni di tradimenti. Suo padre era Osiride, il dio dei morti, e sua madre era Nefti, la dea dei funerali. Dopo che Set, marito e fratello di Nefti, la abbandonò, Anubi andò a vivere con Osiride e sua moglie Iside. Il completamento di questo mito sarà trattato nel Capitolo 4.

Bastet (Bast): Dea dei gatti e del focolare

Bastet, come indicato nel titolo, era la dea del focolare, della fertilità, del parto e, naturalmente, dei gatti. Era la figlia del dio del sole Ra ed era spesso collegata a Horus. Scacciava il male in casa e per le donne e i bambini al suo interno. All'inizio della civiltà, era una dea raffigurata come una donna con la testa di leone; con il passare degli anni, la sua rappresentazione passò a quella di una gatta dall'aspetto regale con anelli nel naso.

Era estremamente popolare tra gli Egizi ed era nota per concedere favori a chi li chiedeva durante la sua festa. Era la preferita dalle donne, soprattutto durante la festa in suo nome. Inoltre, era il motivo per cui i gatti erano considerati sacri all'interno della civiltà. Non si doveva fare del male ai gatti per nessun motivo, perché si credeva che ogni gatto fosse la sua incarnazione.

Hathor: Dea dell'amore e della gioia

Hathor era un'altra figlia di Ra e, quindi, sorella di Bastet. Era anche la moglie di Horus. Era spesso raffigurata con le corna sulla testa, o come un bovino, ed era una dea potente. Era la dea della gioia, dell'amore, della bellezza, della festa, delle donne, del parto e persino dell'ubriachezza. Una delle sue funzioni era quella di guidare le anime nell'aldilà e difendeva anche la chiatta del sole di Ra da Apep, un mito che sarà trattato nel capitolo 3.

Heka: Dio della medicina e della guarigione

Heka era una delle divinità più antiche ma più importanti del pantheon egizio. Era il dio della medicina e della guarigione, che era una parte fondamentale della cultura. I medici e i dottori veneravano questa divinità non solo per i suoi poteri di guarigione, ma anche per il suo controllo sulla magia. Poiché la magia era presente in tutti gli aspetti della cultura egizia, questa divinità era anche considerata la fonte di tutto il potere dell'universo.

Fu uno dei primi dèi ad esistere, precedendo persino Ra. Nei miti successivi, tuttavia, era considerato il figlio di Khnum e Menhet. Spesso veniva raffigurato con un bastone sempre equipaggiato e i miti successivi raccontavano di come il suo bastone fosse intrecciato con due serpenti.

Horus: Dio della regalità

Horus ha avuto una storia unica nel suo sviluppo come dio. Nei primi anni dell'antica mitologia egizia, era considerato uno dei cinque dei del mito della creazione, che presiedeva al sole, al potere e al cielo. Era raffigurato come un falco o come un uomo con la testa di falco. In questa fase era conosciuto come Horus il Vecchio ed era considerato una delle divinità più importanti, insieme ai suoi quattro fratelli Osiride, Iride, Set e Nefti.

La sua versione successiva, Horus il Giovane, era la più popolare delle due. Con l'aumento dei miti di Horus il Giovane, aumentò anche la sua popolarità. In questo mito, Horus era il figlio di Osiride e Iside. Era anche associato al governo divino e si credeva che tutti i re e i faraoni fossero Horus incarnati. Questo spiega le numerose dinastie della civiltà, e quindi ogni re incanalava il dio durante la vita. Il mito di Horus e la sua ascesa al trono verranno approfonditi nel capitolo 4.

Iside: Dea dei segreti e della magia

Iside, la dea di ogni aspetto della civiltà egizia, era conosciuta come la "Madre degli dei". Era moglie e sorella di Osiride e insieme ebbero Horus il Giovane. Gli altri suoi fratelli erano Set, Nefti e Horus il Vecchio. Spesso si prendeva cura delle persone durante la loro vita e le guidava nell'aldilà. Era la dea dei segreti e della magia e per questo era una delle divinità più potenti del pantheon. I suoi miti, in particolare quello che ruota attorno alla morte del marito Osiride, erano considerati tra i più importanti per gli antichi egizi.

In una raffigurazione di Iside e Horus il Giovane, la si vede cullare il figlio. Analogamente, l'iconografia cristiana ritrae la Vergine Maria che culla il figlio Gesù. Poiché si prendeva cura delle persone in ogni fase della vita, era una parte fondamentale del pantheon egizio ed era venerata da tutti. Iside è stata una delle divinità che ha regnato più a lungo in qualsiasi pantheon, a partire dalle prime civiltà egizie per poi espandersi in Grecia e a Roma. Durante l'Impero Romano e la sua caduta, esisteva un culto specificamente dedicato a Iside. Questo culto fu una delle principali fonti di resistenza alla nuova fede cristiana. Di conseguenza, le sue sembianze hanno influenzato la religione cristiana attraverso le immagini di Maria e Gesù.

Ma'at: Dea dell'armonia

Ma'at era il cuore della cultura dell'antico Egitto. Il suo nome si traduce in "armonia", uno dei fondamenti della civiltà. Era la dea della giustizia, della verità e, naturalmente, dell'armonia. Era anche colei che controllava l'alternarsi delle stagioni e posizionava le stelle nel cielo di notte. Spesso raffigurata come una donna che indossa un diadema con una piuma di struzzo, accompagnava tutti nel loro percorso di vita ed era presente quando le loro anime venivano giudicate. Era una dea venerata in tutto il pantheon.

Osiride: Dio degli Inferi

Osiride, un'altra delle divinità più famose, era fratello di Iside, Set, Horus il Vecchio e Nefti. Sua moglie era la sorella Iside ed ebbe due figli: Horus il Giovane e un figlio adottivo, Anubi. Come dio della morte e dell'Oltretomba, aveva il compito di sorvegliare il mondo sotterraneo insieme ad Anubi. Nella mitologia antica, era un dio della fertilità e in seguito divenne il primo sovrano del popolo egiziano. Era spesso raffigurato come una mummia dalla pelle nero-verdastra, con tanto di imbalsamazione. Questo non solo simboleggiava il suo coinvolgimento con i morti, ma illustrava anche la sua influenza sul Nilo e quindi sulla fertilità.

Il Libro dei Morti, uno dei libri più famosi dell'antico Egitto, lo ritrae come uno dei giudici nel rituale della Pesatura del Cuore dopo la morte. Fu una delle prime divinità a rappresentare la resurrezione e si ritiene che abbia influenzato il culto di Iside dell'Impero Romano. Il mito che ruota attorno alla sua morte sarà approfondito nel capitolo 6.

Ptah: Dio della verità

Nell'antica mitologia egizia, Ptah era considerato il dio originario prima degli altri. La creazione dell'universo e degli stessi primi dei faceva parte del suo disegno. Era il dio della verità e la divinità patrona della città di Memphis intorno al 3000 a.C.. Inoltre, regnava sugli artigiani e sull'artigianato. Questo si estendeva a coloro che erano architetti, che progettavano e costruivano edifici. Spesso veniva raffigurato come una mummia con un copricapo.

Ra (Amun-Ra, Re, Atum): Dio del Sole

Ra, oltre ad altre divinità, era responsabile della creazione della terra e dei suoi abitanti. Era il dio del sole e creatore supremo, con diversi miti a suo nome, tra cui quello della creazione. Era responsabile della trasformazione del giorno in notte e viceversa, il che ha dato origine al mito di uno dei suoi acerrimi nemici, Apep, il serpente che lottava con lui per il dominio del mondo. Ra era raffigurato come un falco o un uomo con la testa di falco.

Secondo i diversi testi e le diverse traduzioni del mito della creazione, Ra e Amon sono stati spesso utilizzati l'uno al posto dell'altro. In alcuni testi, Ra era il creatore supremo dell'universo e della terra, mentre altri sostenevano che avesse semplicemente un ruolo nella creazione. Si riteneva che Ra fosse il padre di Tefnut e Shu, rispettivamente divinità del calore e dell'aria, ma solo secondo alcune versioni del mito.

Seshat: Dea della scrittura e delle misure

Seshat era la dea della scrittura, delle misure, dei libri e dei registri. Era considerata la patrona delle biblioteche pubbliche e private e dava il benvenuto a tutti per l'alfabetizzazione. Suo marito Thoth era il dio della scrittura e della saggezza. Tuttavia, la sua competenza nelle misure la rendeva memorabile. Spesso il re pagava un tributo a questa dea per assicurarsi di prendere le misure precise per ogni edificio costruito. Di conseguenza, anche i costruttori e gli architetti le rendevano omaggio. Pur non avendo un tempio proprio, era una divinità importante anche per gli scribi. Seshat era raffigurata con una pelle di leopardo sopra la veste e con una tavoletta nella mano destra, a rappresentare il suo amore per la parola scritta.

Set (Seth): Dio del Caos

Set, o Seth, era il famigerato dio del caos, dei deserti, delle tempeste e della guerra. Sposato con la sorella Nefti, era fratello di Osiride, Horus il Vecchio e Iside. Tuttavia, attualmente è conosciuto soprattutto come il primo assassino del testo scritto. Set era visto come il male necessario per creare equilibrio ed essere un antagonista degli dei benevoli Horus e Osiride. Spesso veniva raffigurato con gli zoccoli di un toro e il corpo cremisi di una bestia con la coda biforcuta, simile a come i cristiani dipingono il loro Satana.

Set era un dio tormentato, pieno di rabbia e gelosia che sfociò nell'uccisione del fratello. Tuttavia, ebbe un arco di redenzione. Come parte della sua ricompensa, aiutò Ra nella battaglia notturna contro il serpente Apep per il dominio sui cieli.

Thoth: Dio della scrittura e della saggezza

Thoth era il dio della scrittura e della saggezza, insieme alla moglie Seshat. Fu la divinità che creò il linguaggio parlato e l'inventore della scrittura geroglifica. Come sua moglie, era una delle divinità che gli scribi adoravano più spesso. In alcuni testi si stabilisce che fosse un dio del sole minore accanto al padre Ra, ma altri sostengono che fosse il figlio di Horus il Giovane. Fu sempre dalla parte degli esseri umani, fino al punto di concedere loro il dono del linguaggio e della scrittura. In alcuni testi è stato raffigurato come un babbuino, ma il più delle volte è stato rappresentato come un uomo con la testa di un ibis, un uccello simile al pellicano ma dei climi subtropicali.

Oltre alla scrittura, Thoth era il dio della saggezza e aveva accesso a segreti e magie che gli altri dei non avevano. Di conseguenza, era considerato una delle divinità più sagge del pantheon. Era responsabile della pesatura dei cuori e riferiva i suoi risultati ad Anubi e Osiride, che poi giudicavano l'anima.

Sebbene esistano più di cento divinità individuali che rappresentano una certa parte della vita umana, ce ne sono molte che si sovrappongono in diverse aree. Nel complesso, ogni dio o dea aveva prospettive e personalità uniche, diversi attributi animali ed estetici, e persino i propri gusti in fatto di abbigliamento e presentazione di sé. Con oltre 3.000 anni di mitologie mutevoli, esiste una ricca tradizione associata a questo pantheon. Nel prossimo capitolo verranno fornite ulteriori informazioni sulle creature, i mostri e i semidei di questa antica mitologia.

CAPITOLO 2: CREATURE, MOSTRI E SEMIDEI

Le creature, i mostri e i semidei del pantheon egizio sono pochi. Ognuno dei personaggi rappresentati in questo capitolo era una figura importante, spesso incaricata di sorvegliare un determinato luogo o addirittura di rappresentare un animale. Molte delle creature erano chimere; pertanto, ispiravano sia soggezione che paura a coloro che ascoltavano le storie o leggevano di loro. Ogni creatura, mostro o semidio era dotato di una sorta di potere magico che usava per difendersi o per creare il caos.

Creature e mostri

Come in ogni mitologia, c'è sempre una sezione dedicata ai molti miti e leggende delle creature che la compongono. Il pantheon egizio non è diverso. A causa della natura antropomorfa delle divinità stesse, può essere difficile distinguere tra una divinità e un mostro. Alcune delle creature elencate di seguito possono addirittura essere classificate come divinità in base ai loro poteri, ma le loro apparizioni e le loro storie sono state create per persuadere i bambini a comportarsi bene, e come tali sono state incluse qui. Di seguito sono elencate in ordine alfabetico alcune creature della mitologia egizia.

Ammit(Ammut)

Ammit era una delle dee degli Inferi, ma regnava sovrana nel giudicare la bontà delle anime dei morti. Era una chimera con la testa di un coccodrillo, il corpo di un leone e la parte posteriore di un ippopotamo. Conosciuta anche come "divoratrice di anime", era nota soprattutto per il suo ruolo quando un'anima era piena di peccati. Non solo rappresentava la manifestazione di tutti gli animali predatori per il popolo egizio, ma rappresentava anche la paura di una seconda morte. Se un'anima era ritenuta indegna, Ammit la divorava, mandandola in un purgatorio infuocato.

Apep (Apophis)

Apep ricopre uno dei ruoli principali nel mito di Ra e del sole al tramonto. Era il serpente che cercava di uccidere Ra ogni mattina prima che il sole sorgesse nel cielo. Ra e molte altre divinità attraversavano gli Inferi prima di dirigersi verso l'orizzonte per il sorgere del sole, dove Apep attendeva il disastroso incontro. Considerato l'esatto contrario degli dèi che si rallegravano dell'ordine, Apep incarnava l'oscurità e il caos. Alcune leggende affermano che i terremoti erano causati da Apep che si muoveva sotto la terra e che le violente tempeste del deserto erano dovute all'ingaggio di Apep e Set in battaglia.

Si credeva che il serpente esistesse nell'universo prima dell'arrivo degli dei e che volesse che tornasse allo stesso stato di prima dell'esistenza della vita. Tuttavia, in alcuni testi è stato scritto che Apep era nato dopo Ra e proveniva dal suo cordone ombelicale. Questa rappresentazione dell'origine di Apep simboleggiava la guerra costante tra luce e buio, ordine e caos.

Il Grifone

Le origini del Grifone sono state spesso avvolte nel mistero. Nessuno conosce veramente il suo mito di origine nella mitologia egizia, ma la sua essenza è stata trasposta in altre mitologie e leggende. La creatura era una chimera con la testa, le ali e gli artigli di un'aquila ma con il corpo muscoloso di un leone. Il grifone aveva un aspetto feroce ed era considerato un simbolo di guerra e coraggio. Tuttavia, aveva anche altri due attributi: uno come guardiano di tesori e segreti, l'altro come difensore dalla magia maligna.

È stata trovata una raffigurazione del Grifone che risale al 3100 a.C. circa. È stata trovata su una tavolozza, che in seguito è stata chiamata "Tavolozza dei due cani". Sulla sua superficie erano raffigurati il Grifone e il Serpente, di cui si parlerà in seguito.

Il Serpopardo

Il Serpopardo era un'altra chimera che combinava gli attributi di un leopardo e di un serpente. Nelle sue poche raffigurazioni, veniva mostrato come una creatura con il corpo di un leopardo, il lungo collo di un serpente e la testa di un serpente o di un leopardo. È interessante notare che, secondo alcune ipotesi, la testa potrebbe essere di un leone invece che di un leopardo, ma questo rimane un altro mistero.

Come per il grifone, anche del serpente non si conosce l'origine, ma esistono molte iscrizioni su vasi e altre forme di decorazione. Si riteneva che fosse la rappresentazione simbolica del caos al di fuori dei confini del regno. Molte di queste raffigurazioni raffigurano l'uccisione di questi esseri mitici come modo per sconfiggere le paure del caos al di fuori del regno. Tuttavia, vi erano anche casi di due serpopardi con il collo intrecciato, che rappresentavano anche la vitalità e la cooperazione.

Sphynx

L'ultima creatura di questo elenco è forse la più famosa. La sfinge è stata immortalata nel regno egizio grazie alla costruzione del suo simulacro a Giza, accanto alle tre piramidi realizzate esclusivamente per Ra. Tuttavia, era un elemento di spicco anche nei palazzi e nei templi, in quanto era dipinto in murales e aveva persino statue dedicate alla creatura.

Lo Sphynx era un'altra chimera, ma costruita con elementi sia umani che animali. Aveva la testa di un essere umano, che rispecchiava fedelmente le sembianze di faraoni e re, innestata nel corpo di un leone. Tuttavia, questa bestia era anche associata a Ra, poiché anch'essa aveva la testa di falco e di ariete. La testa di un essere umano - più precisamente di un re o di un faraone - rappresentava il potere che il re possedeva.

La Sfinge era anche il protettore delle tombe, il che spiega il suo posizionamento vicino alle tre tombe di Giza. È noto soprattutto per aver chiesto le risposte a tre indovinelli come parte di una prova per accedere alla tomba e ai molti tesori e segreti che ne derivavano.

I semidei

Il film *La mummia ha* ispirato una nuova generazione di archeologi desiderosi di saperne di più sull'antica cultura egizia. Pur essendo completamente inventato, il film ha preso sul serio alcuni materiali di partenza e li ha incorporati in un film d'azione e d'avventura. Imhotep era un semidio reale nel mito dell'antico Egitto, ma non nel modo in cui è stato rappresentato nel film. In questa sezione parliamo di due semidei di rilievo che sono divinità minori o sono stati divinizzati dopo la morte.

Apis

Apis era un toro che si credeva fosse figlio di Ptah. Non si sa molto di questo particolare semidio. Principalmente, però, era il toro sacro di Memphis e veniva venerato come tale. Non era un semidio nel senso tradizionale del termine, ma era comunque una figura venerata come un essere sacro. Originariamente con un manto nero, Apis era simbolo di coloro che avevano un cuore forte, ma era anche un araldo di Ptah.

Imhotep

Imhotep, grazie ai filmati dei giorni nostri, è stato ritratto come funzionario del re Djoser intorno al 2600 a.C. prima di ascendere alla divinità. In vita, fu responsabile della progettazione e della costruzione della Piramide a gradoni, realizzata durante la sua vita. Fu un grande risultato, tanto da essere considerato uno degli architetti più famosi dell'antico Egitto.

Non solo le sue capacità architettoniche erano richieste, ma anche la sua saggezza e il suo intelletto. Imhotep fu autore di molti testi di saggezza, medicina e persino matematica. Se Imhotep fosse o meno una figura storica reale è un mistero a causa della mancanza di informazioni sulla sua vita, ma dopo la sua morte fu divinizzato. Nel processo di evoluzione della storia in mito e leggenda, si credeva che Imhotep fosse figlio di Thoth, il dio dell'architettura.

La mescolanza di creature e divinità era spesso una linea sottile da attraversare. Sebbene molte delle creature, dei mostri e dei semidei fossero, in qualche modo, essi stessi una divinità, spesso erano visti come guardiani o simboli. Questi simboli si trasformano spesso nei temi e nelle morali principali che sono incorporati nei miti stessi. Ma come è iniziato tutto questo? La risposta sarà svelata nel prossimo capitolo, in cui discuteremo dei miti di creazione del pantheon egizio.

CAPITOLO 3: I MITI DELLA CREAZIONE

Uno degli aspetti più intriganti del mito della creazione egizio è che contiene diverse varianti dello stesso mito. Questo è prevedibile, poiché le diverse traduzioni e i diversi contesti possono essere difficili da determinare. In questo capitolo, il mito della creazione è suddiviso in tre parti, ognuna delle quali rappresenta una città con la sua divinità principale. Queste città erano Ermopoli, Memphis ed Eliopoli, rispettivamente con le divinità Amon, Ptah e Ra. Si può dire che ogni mito può basarsi sull'altro o svolgersi contemporaneamente. Tuttavia, ogni mito era - ed è tuttora - aperto all'interpretazione.

Mito della creazione 1: Amon

Il primo mito della creazione riguarda la presenza di Amon. A Hermopolis, conosciuta dagli Egizi come Khemnu invece del suo nome greco, Amon era la loro versione di Ra, il dio supremo regnante e creatore dell'universo. In questa versione del mito, il mondo era sommerso dalle acque. All'inizio non c'era traccia di vita da nessuna parte per migliaia di anni. Tuttavia, fu in questa stessa acqua che iniziò la prima creazione degli dei.

L'Ogdoad

Mentre le acque turbinavano per molti anni, il vasto oceano alla fine partorì otto esseri soprannaturali che sarebbero poi diventati dei. Dalla distruzione caotica delle onde nacquero quattro maschi e quattro femmine. Ogni maschio e ogni femmina furono abbinati in coppie con nomi e attributi simili. Le divinità sorte dalle profondità erano note come Kek e Kauket, le divinità dell'oscurità e dell'ambiguità; Heh e Heuhet, le divinità dell'atemporalità; Nun e Naunet, le divinità del primo disordine cosmico che portò alla loro nascita; e Amun e Amaunet, le divinità dell'aria e del sole.

Purtroppo, ci sono pochi dettagli che illustrano ulteriormente il mito scritto in forma narrativa. Gli Egizi credevano che il resto della creazione fosse avvenuto in un uovo mistico appartenente a un ibis o a un'oca, a significare la nascita del creatore di tutti gli dei. Fu allora che il dio del sole Amon assunse il potere e gettò le basi per i miti successivi. Il resto era aperto all'interpretazione, dalla ragione dell'esistenza degli dèi fino al loro aspetto.

Gli abitanti originari di Hermopolis ritenevano che questa narrazione del mito simboleggiasse il mistero e l'intrigo degli inizi degli dèi e fosse addirittura rappresentativa degli stessi dèi. Poiché questo mito era avvolto da tanto mistero, esso esemplificava gli dèi e il loro misticismo. Tuttavia, si ritiene che queste divinità non fossero solo le più antiche, ma che fossero anche responsabili della creazione degli dei dell'Enneade, che erano la generazione successiva di divinità.

Mito della creazione 2: Ptah

La storia di Ptah ha inizio a Memphis, che fu il principale centro di governo dell'impero per molti millenni. Durante questo periodo, il dio Ptah emerse e divenne la divinità suprema secondo la tradizione di Memphis. In questo mito, gli dei sono raffigurati nelle loro forme umane come risultato della loro nascita.

Parlare con il cuore

Secondo questo mito, Ptah fu il primo essere ad esistere. All'inizio, la sua esistenza era sinonimo del primo lembo di terraferma nella vastità dell'oceano. Una volta emerso nella sua forma umana, appariva piuttosto bello. Spesso veniva raffigurato come una mummia con un braccio libero per reggere il bastone. Aveva anche la testa rasata e indossava una calotta cranica.

Ptah, oltre a essere incredibilmente bello, era noto anche per la sua genialità architettonica. Osservò l'ambiente circostante e, vedendolo spoglio, volle creare un luogo più abitabile per sé. Immaginava il mondo che voleva e lo faceva esistere con il cuore. Questo comprendeva tutti i paesaggi e la vita, compresi gli esseri umani.

Tuttavia, si trattava di un processo. Una delle sue prime creazioni come dio fu quella di creare altri esseri come lui. In un solo soffio, egli diede vita ad Atum, Shu, Nefti, Osiride, Iris, Tefnut, Nut e Set. Queste divinità rappresentavano l'ordine naturale e politico ed erano ritenute le più importanti per Ptah.

Dopo aver creato gli dèi, Ptah costruì le fondamenta dell'Egitto, sia per quanto riguarda il paesaggio fisico sia per quanto riguarda le persone al suo interno. Creò l'uomo e la fauna che circondava l'Egitto. Poi incaricò gli altri dei e le altre dee di vegliare sull'umanità, ma lui era il supervisore di tutto.

Mito della creazione 3: Ra

Questo mito della creazione è forse il più completo dei tre. Il mito di Ra (Atum) è più completo e comprende molti più dettagli rispetto ai due precedenti. Grazie a scritti antichi come i *Testi delle Piramidi*, c'è più materiale di riferimento e quindi si conoscono più dettagli di questo mito. Eliopoli, in questo periodo storico, era l'epicentro dell'inizio dei faraoni. Di conseguenza, questo mito divenne uno dei miti della creazione più dominanti nel pantheon. Nel mito, Ra si chiamava Atum, quindi per chiarezza ci si riferirà a Ra come Atum per mantenere la radice iniziale della mitologia.

L'Enneade

Da non confondere con l'*Eneide* di Virgilio, il poema epico che racconta la vita di Enea, l'Enneade era la combinazione delle otto divinità create dopo l'esistenza di Atum. Analogamente al precedente mito della creazione di Ermopoli, queste divinità erano costituite da coppie di uomini e donne. Tuttavia, le figure di questo mito sono diverse da quelle del mito della creazione di Hermopolis.

All'inizio, il mondo era avvolto dalle tenebre. Questa oscurità era conosciuta come il Vuoto, dove non esisteva nulla, compresa la luce. Il Vuoto non era altro che acqua scura e turbinava di tempeste caotiche. Il dio della magia, Heka, aspettava il momento giusto per dare inizio alla creazione. Quando tutto fu fermo, il dio dell'acqua Nu permise che un tumulo sorgesse dalle profondità dell'oceano. Questo tumulo era noto anche come *ben-ben*, che sarebbe poi diventato Eliopoli.

Da questo tumulo, una figura apparve da un pilastro in cima al ben-ben. Era nella sua forma mortale e gli egiziani lo consideravano estremamente bello. Guardò intorno a sé il nulla infinito, rendendosi conto di essere solo. La creazione delle divinità successive, Shu, il dio dell'aria, e Tefnut, la dea dell'umidità, avvenne successivamente. Secondo alcune versioni del mito, Atum ebbe rapporti con la sua ombra e poi partorì le divinità. Altre sostengono che Atum si masturbò sul tumulo dove sorgeva il pilastro e che il dio e la dea nacquero così. Un'altra versione sostiene che le divinità furono create dalla sua saliva e dal suo vomito.

La nascita degli dei

Dopo la nascita di questi dèi, essi furono incaricati di costruire le fondamenta dell'ordine e della vita stessa sulla terra. I due lasciarono il padre sul ben-ben e crearono le fondamenta di tutta la vita e dell'ordine. Tuttavia, il padre si arrabbiò perché era ancora una volta solo. Inviò il suo occhio sinistro, in seguito noto come Occhio di Ra, e li cercò. Quando i suoi figli tornarono per vedere il padre e per restituirgli l'occhio, Atum pianse perché era così felice di vederli. Le lacrime che ne derivarono caddero sul tumulo e fecero nascere il primo uomo e la prima donna.

Poiché queste nuove creature non avevano un posto dove vivere, Tefnut e Shu si accoppiarono e diedero alla luce due gemelli: il dio della terra, Geb, e la dea del cielo, Nut. La coppia creò una casa per i nuovi esseri, in modo che potessero crescere. Geb e Nut, tuttavia, si innamorarono profondamente l'uno dell'altra nonostante fossero fratelli. I due non si separarono mai e rimasero sempre vicini. Questa assurdità incestuosa, secondo Atum, doveva cessare definitivamente. Di conseguenza, separò Geb e Nut per l'eternità. Mandò Nut in alto nei cieli, mentre Geb rimase saldo sulla Terra, e ai due non fu mai più permesso di toccarsi.

Alcune delle raffigurazioni di Geb e Nut erano provocatorie e molte di esse avevano una natura sessuale. Una rappresentazione di questa unione all'interno del *Libro dei Morti raffigura* Geb nudo nella sua forma umana che si allinea con Nut, anch'essa nuda ma con delle stelle sulla sua figura. In quella stessa rappresentazione, Atum iniziò a separare la coppia.

Tuttavia, Nut era già incinta dei suoi figli. Rimasta in cielo, diede alla luce i suoi figli Osiride, Iride, Horus il Vecchio, Nefti e Set. Man mano che i figli crescevano, crescevano anche i loro attributi e le loro personalità. Osiride, essendo il primogenito dei cinque, si dimostrò intellettuale e dotato di autorità giudiziaria. Set era foriero di caos e profondamente geloso del fratello. Iside era la più altruista dei cinque e si guadagnò un posto al fianco di Osiride come moglie. Sua sorella Nephthys era l'anello di congiunzione del carattere di Iside, l'equilibrio tra l'oscurità e la sua luce. Nefti si abbinava bene a Set, poiché anche Set era l'opposto di Osiride. Orazio il Vecchio, il dio dell'aria, divenne essenzialmente il nuovo Atum.

Gli inizi di una rivalità

Con l'aumento della popolazione umana, cresceva anche il bisogno di ordine e armonia. Di conseguenza, Atum nominò Osiride e Iside come divinità per governare la terra. Atum aveva altre situazioni di cui occuparsi e lasciò il pronipote ai suoi compiti. Osiride regnò per molti anni come dio principale degli Egizi, creando un lungo periodo in cui tutto era pacifico e in ordine. Tuttavia, ciò non durò a causa dell'intensa gelosia che Set nutriva nei confronti del fratello. Questo mito che ruota attorno a Set e Osiride sarà trattato in modo più approfondito nel prossimo capitolo, insieme ai suoi numerosi colpi di scena.

Conclusione

Questo capitolo comprende i tre miti relativi alla creazione del mondo e dell'Egitto. Il pantheon egizio si differenziava da un luogo all'altro a causa della presenza di miti della creazione distinti. Poiché c'erano tre città distinte con il proprio dio protettore protagonista del mito, i miti includono variazioni distinte l'uno dall'altro. Sebbene alcuni possano sostenere che il mito che ruota attorno a Ra (Atum) sia il più importante, le numerose sfaccettature e variazioni non fanno che accrescerne la ricchezza. Nel prossimo capitolo verrà svelato l'emozionante mito di Osiride e Set, ricco di tradimenti, adulteri e omicidi.

CAPITOLO 4: IL PRIMO FRATRICIDIO REGISTRATO

La prima registrazione di un fratricidio e di un omicidio è stata fonte di ispirazione per molte storie in varie mitologie del mondo. Come accennato nel capitolo precedente, la gelosia di Set nei confronti del fratello sfociò in un racconto emozionante. Questo mito ruotava attorno ai numerosi tradimenti di Set e di sua sorella-moglie Nefti nei confronti di Osiride e Iside. Il loro inganno portò a un periodo di sconvolgimento e caos nel mondo antico.

Il peso della gelosia

Osiride e Set erano due dei cinque fratelli della dea Nut. Osiride, dimostrando di essere il miglior sovrano dei cinque, fu nominato dio supremo di Eliopoli. Per molti anni tutto fu pacifico nel regno degli uomini e degli dei. Osiride istruì gli uomini sull'aratura dei campi, sull'allevamento di animali domestici come il bestiame e sulla semina delle piante giuste al momento giusto, oltre a creare legge e ordine tra di loro. Osiride era visto come il primo vero faraone del regno, che si assicurava che tutti facessero la loro parte nella società.

Si credeva che la moglie, Iside, insegnasse alle donne come utilizzare le colture piantate dai mariti per cucinare i pasti e come tessere i tessuti per gli abiti per proteggersi dalle intemperie e per la moda. Inoltre, insegnò alle donne come allevare i bambini e li protesse dal male. Le sue capacità magiche assicuravano che uomini e donne fossero creati uguali in una partnership attraverso il matrimonio.

Set e Nefti

Set era immensamente geloso del regno e dei poteri del fratello. Con il passare degli anni, la sua rabbia e la sua gelosia aumentavano. Si considerava scavalcato per la possibilità di diventare un leader e aveva persino una sua visione della società.

Anche Nefti, in modo simile, era immensamente gelosa di sua sorella. Non solo era gelosa del potere della vita che Iside possedeva, ma era anche gelosa del fatto che Iside fosse sposata con il suo attraente fratello. Stanca del suo ruolo di dea funeraria, Nefti ordì un piano di lussuriosa vendetta nei confronti della sorella.

La prima relazione

Nefti nutriva un'immensa passione lussuriosa per il fratello Osiride. Un giorno, quando questi era solo, Nefti nascose la sua vera identità e assunse le sembianze di Iside. Avendo in mente la seduzione, fu facile ingannare Osiride e fargli credere che fosse la vera Iside a istigare l'amore. I due ebbero una relazione all'insaputa di Osiride e Nefti rimase rapidamente incinta del figlio Anubi. Non aveva previsto che ciò sarebbe accaduto e voleva solo la compiaciuta soddisfazione di aver compiuto la sua vendetta.

Nephthys nascose la gravidanza a Set e al resto della famiglia. Temeva l'ira di Set e sapeva che, se lo avesse scoperto, avrebbe causato un'incalcolabile quantità di guai sia ad Anubi che a Osiride. Quando nacque Anubi, Set scoprì il suo tradimento e abbandonò lei e il bambino. Diede il bambino a Osiride e Iside, temendo per la sua sicurezza e per quella del figlio.

La trama della vendetta

Set era sempre stato geloso del fratello per il suo potere supremo e il suo amore per il popolo, ma se si aggiunge la conoscenza della relazione della moglie, l'ago della bilancia si avvicina al caos più sfrenato. Il dio era profondamente arrabbiato e ferito per il tradimento della moglie nei confronti della sacralità del loro matrimonio, tanto da abbandonare Nefti per perseguire il suo piano di vendetta.

Ogni anno che passava, Set tramava la morte del fratello. Sapeva che doveva avvenire presto e ogni momento che passava lo riempiva di rabbia. In questa preparazione alla vendetta, ricevette in segreto le misure esatte del fratello per un forziere ornato da realizzare con la migliore maestria. Mentre lo scrigno veniva costruito, progettò un modo per far sì che il fratello vi entrasse di sua spontanea volontà.

Mentre lo scrigno si avvicinava al completamento, Set pianificò ogni minimo dettaglio per far funzionare il suo piano. Decise di organizzare un grande banchetto al quale Osiride e gli altri furono invitati.

È tempo di banchetti

Con tutte le attente trame in atto, Set riuscì a creare un gioco per provocare l'omicidio del fratello. Il forziere sarebbe stato il punto focale dopo la fine del banchetto. Dopo che tutti furono presenti, il banchetto ebbe inizio. Le risate risuonavano lungo le pareti e l'odore del cibo era inebriante. Sembrava che tutti si stessero divertendo e Set cominciò a far intendere di aver organizzato un gioco con un grande premio finale.

Una volta terminato il banchetto, Set annunciò che il gioco avrebbe avuto inizio. Condusse tutti al luogo in cui si trovava il forziere splendidamente decorato, dove tutti rimasero a bocca aperta. Set presentò loro il gioco: vedere se qualcuno riusciva a capire per chi era stato progettato questo scrigno. Poi diede loro l'indicazione che, per capirlo veramente, tutti dovevano salire e vedere se era adatto a loro.

Tutti gli dèi e le dee volevano questo bellissimo scrigno, così a turno cercarono di entrarvi. Nessuno ci entrava. Osiride, curioso di vedere se gli sarebbe andato bene, fu l'ultimo a salirci dentro. Sconvolto, proclamò con orgoglio che il forziere gli stava bene e che quindi ora ne era l'orgoglioso proprietario.

In tutta fretta, Set sbatté il coperchio sopra Osiride, intrappolandolo all'interno. Set disse al pubblico che avrebbe riportato Osiride nella sua casa, in modo che potesse apprezzare appieno il materiale all'interno. Ma non fu così.

Invece di riportare il dio della regalità nella sua casa, Set gettò Osiride nel Nilo, dove annegò. Quando tornò a Eliopoli, Set annunciò che Osiride era morto e si proclamò sovrano. Con il dio del caos come re, il mondo cadde nel degrado e nell'oscurità. Iside e il resto degli Egizi piansero la perdita del loro re.

Lo smembramento

Quando Set tornò dall'uccisione di Osiride, Iside sospettò della morte del marito. In fretta e furia, cercò il marito con l'aiuto del popolo. Mentre davano la caccia al marito, arrancavano nelle acque inondate del Nilo. Alla fine trovarono il famigerato forziere all'interno di un albero vicino a una città chiamata Byblos. Quando lei e coloro che l'avevano aiutata scoprirono il forziere, lo rimossero dall'albero e vi trovarono il corpo di Osiride. In segno di gratitudine per il loro aiuto, Iside concesse loro la capacità di fabbricare il papiro, un'invenzione che aiutava le persone a scrivere documenti importanti. Questo dettaglio, tuttavia, potrebbe essere stato aggiunto in seguito per consolidare ulteriormente la principale esportazione di papiro da parte degli Egizi.

Nascondere il corpo a un Dio infuriato

Iside trasportò il corpo a Eliopoli per resuscitarlo. Nascose il corpo in un luogo sicuro e incaricò la sorella Nefti di custodirlo. Nel frattempo, raccolse gli incantesimi, le pozioni e gli ingredienti necessari per garantire una resurrezione completa. Nephthys accettò prontamente di custodire il corpo di Osiride; il suo senso di colpa per la precedente relazione con lui si era incancrenito e voleva farsi perdonare dalla sorella.

Set, a questo punto, iniziò a sospettare di Iside e temeva fortemente che lei trovasse il corpo del fratello e tentasse di resuscitarlo. La cercò, ma scoprì che se n'era andata. Conoscendo bene le capacità magiche, l'intelligenza e l'intraprendenza di Iside, decise di mettere alle strette la moglie per chiederle se avesse scoperto il corpo.

Con grande sfida, Nefti mentì e gli disse che no, Iside non aveva scoperto il corpo. Tuttavia, Set sapeva quando sua moglie lo stava ingannando. La interrogò ulteriormente, finché lei non rivelò il luogo in cui si trovava il corpo e ciò che Iside aveva pianificato per esso.

L'orrore indicibile

Dopo aver costretto la moglie a dirgli dove si trovava il corpo, Set entrò in azione. Fece in modo che i suoi scagnozzi recuperassero il corpo dal suo nascondiglio. Passò poco tempo e gli scagnozzi tornarono con il corpo. Scacciò i suoi uomini

e ricorse all'unico modo logico di liberarsi del corpo per assicurarsi che la resurrezione non avvenisse. Doveva smembrarlo.

Posò il corpo del defunto su un tavolo di fronte a lui, dove procedette a fare a pezzi
il fratello. In alcune versioni di questo mito, il numero dei pezzi era di 14, mentre
altre versioni sostenevano che fossero 42. Per sottolineare ulteriormente l'orribile
crimine, questo libro farà riferimento a quest'ultima.

Dopo che il corpo fu completamente smembrato, Set corse al Nilo e disperse
i resti. Nella sua mente, se mancava anche un solo pezzo, la resurrezione era
condannata. Orgoglioso della sua impresa e sicuro che Iside non avrebbe mai
trovato tutti i pezzi, Set tornò a casa sua.

La resurrezione

Nel frattempo, Iside tornò al luogo segreto dopo aver raccolto tutto l'equipag-
giamento necessario per riportare Osiride dalla morte. Quando arrivò sul posto,
osservò lo spettacolo che le si parava davanti. Il forziere era stato forzato e il corpo
di suo marito era scomparso. Sapeva che c'era Set dietro questa scomparsa e cadde
in ginocchio per il dolore e la rabbia. Le lacrime le scivolarono silenziosamente
sulle guance mentre piangeva.

Nephthys era arrivata e aveva trovato la sorella che piangeva a terra. Si vergognava e
si sentiva in colpa per aver rivelato la posizione del corpo. Sapendo cosa aveva fatto
Set, informò Iside. Iniziò con le scuse per aver rovinato alla sorella la possibilità di
riunirsi al marito, poi propose di cercare insieme i resti.

Iside accettò l'accordo, desiderosa di trovare ciascuna delle 42 parti. Quando ogni
pezzo fluttuava accanto a loro lungo il Nilo, lo seppellivano sotto un tumulo con
un guardiano per proteggerlo da Set e dai suoi scagnozzi. Si credeva che ogni pezzo

sepolto sotto i loro tumuli fosse una rappresentazione delle eventuali 42 province dell'Egitto; la leggenda voleva che le due dee avessero fondato queste province.

Una volta raccolta la maggior parte dei pezzi, le due dee ricostruirono il corpo di Osiride. Vennero raccolti altri pezzi, finché non ne fu trovato uno solo: il pene, che si supponeva fosse stato mangiato da un pesce del fiume. Tuttavia, le dee non si lasciarono scoraggiare. Iside fabbricò un sostituto del pene e lo pose sul suo corpo. Anubi, che era diventato adulto, aiutò a riportare in vita il padre imbalsamandolo e mummificandolo ulteriormente. Oltre agli incantesimi, alle pozioni e alle erbe della madre, Anubi e Iside lo rianimarono, ma solo per pochi istanti. In quel breve lasso di tempo fu concepito Orazio il Giovane.

A causa della sua incompletezza, Osiride non poteva più governare sulla terra. Al contrario, gli fu affidato il compito di recarsi negli Inferi e di usare il suo nuovo potere sulla morte per giudicare e regnare sulle anime dei defunti.

La nascita di Horus il Giovane

Iside fu costretta a nascondere a Set la sua gravidanza per paura che Set facesse uccidere anche lei e il suo bambino. Quando arrivò il momento del parto, lanciò incantesimi protettivi su di lui, in modo che Set non scoprisse mai il bambino. Chiamò il bambino Horus, destinato a riportare la pace e l'armonia nella terra d'Egitto. Il popolo, così come le stesse divinità, attendeva con ansia il giorno in cui Horus avrebbe sfidato lo zio e reclamato il trono. Sfortunatamente, il momento in cui Orazio avrebbe reclamato il trono fu una lunga attesa per il regno.

Conclusione

Questo mito è stato il primo del suo genere con i suoi numerosi scenari scioccanti e inquietanti. Dal fratricidio allo smembramento, all'adulterio e persino alla necrofilia, questo mito comprendeva un discreto numero di tabù e orrori inspiegabili. Non solo questo mito serviva a spiegare ulteriormente le relazioni e le dinamiche degli dei, ma serviva anche come racconto di ammonimento. Metteva in guardia il pubblico dai pericoli di una gelosia intensa e dal caos che la gelosia poteva portare. Nel prossimo capitolo, la caduta di Set a causa di Horus il Giovane illustrerà ulteriormente il prodotto di questa gelosia.

CAPITOLO 5: LA BATTAGLIA TRA SET E HORUS

L'ultimo capitolo di questo mito costituisce la personificazione della lotta tra bene e male, tra ordine e caos. La rivalità tra Set e Horus era considerata il conflitto più intenso e aspro di tutta la mitologia egizia. Le divinità combatterono tra loro per 80 anni prima che una di esse reclamasse il trono per sé. Nel frattempo, prima che Horus diventasse adulto, Set aveva inviato i suoi scagnozzi a scoprire dove si trovavano Iside e il nuovo bambino.

L'infanzia di Horus

Durante i molti anni di attesa della piena realizzazione di Horus, il regno cadde ancora più in disordine. L'oscurità e la disperazione invadono la terra e il popolo lotta per sopravvivere. Nessun luogo era sicuro e il popolo dovette sopportare lo stile di vita portato avanti da Set, compresa la dea incinta e il suo bambino non ancora nato. Set venne presto a conoscenza della gravidanza e reclutò i suoi scagnozzi per trovare Iside.

Nascondersi in piena vista

Quando Iside si rese conto che gli scagnozzi di Set avevano il compito di rintracciarla e di uccidere lei e il bambino, si nascose immediatamente. Fu aiutata dalla sorella e dal dio Thoth a lanciare incantesimi di protezione per impedire a Set di trovarla. Iside era rinomata per le sue capacità magiche e la sua padronanza delle pozioni e usava le sue abilità per allontanare potenziali minacce. Si nascose e partorì in una zona paludosa del Nilo dove pochi si avventuravano, permettendole di crescere suo figlio in pace. Chiamò il figlio Horus in onore del fratello e come faro di speranza per il popolo egiziano.

Quando il bambino divenne adulto, lui e sua madre furono ancora costretti a nascondersi nelle viscere della palude. Horus crebbe ascoltando la madre raccontare le storie del padre defunto. Con l'avanzare dell'età, la madre gli spiegò la profondità dell'inganno dello zio. Durante questo periodo, Iside e Horus vegliarono l'uno sull'altro, grati per gli incantesimi che aiutavano la loro segretezza. Gli scagnozzi di Set li cercavano senza successo e tornavano sempre da Set a mani vuote.

Set sapeva che la coppia era ancora là fuori, aspettando che Horus diventasse maturo. Sapeva che questa era la ricetta per la sua fine definitiva, così continuò a cercarli. Non si scoraggiò mai e la sua rabbia ispirò paura nei cuori dei suoi scagnozzi, che continuarono a cercare prove della loro sopravvivenza.

L'infanzia di Horus è stata piena di pericoli. Anche se conosceva i potenti incantesimi di sua madre, aveva sempre paura di essere scoperto. Il pericolo si nascondeva dietro ogni angolo della palude. Purtroppo, non ci sono storie conosciute sull'infanzia di Horus e su come abbia affrontato i numerosi pericoli della palude e gli scagnozzi di Set.

Horus e Set si incontrano finalmente

Quando Horus divenne maggiorenne, Iside sciolse gli incantesimi di protezione intorno alla coppia. Horus era diventato un uomo affascinante, con capacità di combattimento e intellettuali all'altezza. Tuttavia, non cercava l'amore, bensì la vendetta. Si fece strada verso il trono e sfidò lo zio in molti duelli.

La storia del viaggio di Horus verso il trono non è nota nei dettagli, ma sembra che Set stesse aspettando che si rivelasse dopo molti anni di clandestinità. Set si liberò delle guardie supplementari intorno al suo regno e attese pazientemente l'arrivo di Horus al trono.

Set non dovette aspettare a lungo. Guardò il suo futuro rivale mentre entrava nella sala del trono e reclamava il suo diritto di nascita. Set, tuttavia, era divertito dal fatto che un dio così giovane osasse sfidarlo, ma accettò comunque la sfida.

La battaglia per il dominio

Per 80 anni, le due divinità si sono impegnate in rivalità meschine e aspre e si sono sfidate su chi fosse il più meritevole del trono. All'inizio, la disputa doveva essere risolta con un duello. Set era fiducioso nelle sue capacità di superare il contendente grazie ai suoi molti anni di esistenza. Le capacità di Horus impallidivano a causa della mancanza di esperienza. Questo era un duello che Set sapeva di poter vincere.

Quello che Set non sapeva è che Horus aveva trascorso il suo tempo in clandestinità allenandosi proprio per questo momento. Inoltre, Horus era infuriato per il cattivo trattamento riservato a suo padre, a sua madre e a tutto il popolo d'Egitto. Desiderava che la giustizia e la pace fossero ripristinate nel regno sotto il suo governo.

I due ingaggiarono un duello, ma la loro forza era pari. Ognuno dei due cercò di sopraffare l'altro, ma fu inutile da entrambe le parti. Ingaggiarono numerosi duelli, cercando di superare l'altro, ma ogni duello si concluse con un pareggio.

Non riuscendo ad avere la meglio l'uno sull'altro, si rivolsero a una triplice divinità per un processo che risolvesse la disputa una volta per tutte.

Le prove per il trono

Dopo che Set e Horus ebbero convocato un tribunale delle divinità più potenti del regno, i tre dei emersero e ascoltarono entrambe le parti. Ognuno di loro sosteneva che il trono era suo e i tre dei Ra, Shu e Thoth, rispettivamente divinità del sole, dell'aria e della saggezza, ascoltarono con grande interesse entrambi i casi. Lasciarono che fosse il dio del caos a parlare per primo. Set mise in piedi una storia di inganni, sostenendo che il trono gli spettava di diritto dopo la morte di Osiride. Tuttavia, Horus non si lasciò scoraggiare. Quando fu il suo turno di parlare agli dei, affermò che il trono gli spettava di diritto dopo l'assassinio del padre.

Set, tuttavia, non era convinto. Poiché Horus aveva la testa di un falco, fece notare alla triplice che Horus non sarebbe stato un buon leader per l'Egitto. Sosteneva che, poiché i corvi erano considerati di cattivo auspicio e Horus era strettamente legato a loro per via della sua natura aviaria, Horus avrebbe portato alla rovina dello stile di vita egizio.

Mentre Thoth e Shu ritenevano che Horus dovesse ricevere il trono, Ra non era convinto. Poiché era il dio più anziano e la sua opinione non era stata espressa per prima, votò per Set. Sostenne che Set era il più forte dei due e che la sua forza avrebbe portato per sempre il peso della responsabilità. Inoltre, Set aveva anche più esperienza di Horus come sovrano.

La votazione, tuttavia, richiedeva che tutti e tre gli dei avessero la stessa opinione. Quando gli dei non riuscirono a trovare un accordo sul voto, introdussero il concetto di una piccola serie di prove da iniziare. Chi avesse vinto il maggior numero di prove sarebbe stato dichiarato il re legittimo al trono.

La prima prova: Ippopotami

Set pensò a una gara che solo lui poteva vincere e decise per la prima prova. La prima prova era abbastanza semplice: i due dei avrebbero dovuto trasformarsi in ippopotami e affondare sul fondo del Nilo. Avrebbe vinto chi fosse riuscito a trattenere il respiro più a lungo. Entrambi gli dei si trasformarono in ippopotami e affondarono sul fondo del Nilo.

Iside dubitava delle capacità del figlio. Sapeva che Horus doveva vincere questa prova per consolidare la sua posizione di legittimo erede al trono. Creò un'arma per ferire Set, ma finì per colpire Horus. Rendendosi conto del suo errore, mirò a Set e ferì anche lui. Entrambe le divinità emersero contemporaneamente dalle profondità, annullando i risultati.

In preda alla rabbia, Horus decapitò la madre per aver interferito. La triplice divinità non approvò questa scelta e si rifiutò di ignorare questo comportamento. L'esito della prova decretò Set come vincitore. Infuriato, Horus se ne andò infuriato e attese la prova successiva. Dopo la prova, il gentile dio della saggezza Thoth rianimò Iside, concedendole un'altra possibilità di vita.

Il secondo processo: Lotta per il dominio

Come avvertimento, la prossima prova è piuttosto grafica e non è adatta a tutti.

Durante la notte, Set tentò di sodomizzare Horus per affermare il suo dominio sul giovane dio. Horus, tuttavia, non avrebbe permesso questa umiliazione. Ingannò Set facendogli credere di aver avuto successo nel suo tentativo, ma Horus aveva invece raccolto lo sperma di Set nelle sue mani. Horus chiese consiglio a sua madre, Iside, che quando vide lo sperma nelle mani del figlio gliele tagliò e le gettò nel Nilo. Per vendicarsi, Horus mise il proprio seme su della lattuga. Prima del processo, Horus regalò a Set questa lattuga, che era il suo cibo preferito. Set mangiò la lattuga, ignaro di ciò che Horus le aveva fatto.

Set aveva fatto in modo che il tribuno degli dei osservasse il dominio su Horus, sostenendo che i suoi testimoni erano all'interno del corpo del giovane dio. Ma non era così. Quando Set chiamò i suoi testimoni, tutto tacque. Allora Horus chiamò a testimoniare il suo stesso seme e, poiché si trovavano all'interno del corpo di Set, fu deciso che Horus aveva vinto il processo.

La terza prova: Corsa in barca

Sia Set che Horus avevano i loro gruppi di seguaci e credenti. Tuttavia, il trio di dèi non poteva fare una valutazione equa e quindi decise un'ultima prova: una gara di barche. La prova era semplice e prevedeva che le barche venissero scolpite nella pietra e fatte gareggiare. Chi avesse tagliato il traguardo per primo sarebbe stato considerato il legittimo sovrano dell'Egitto.

Gli dei in gara si misero subito al lavoro sulle loro barche. Set realizzò una bellissima barca di pietra. Era orgoglioso della barca che aveva scolpito e credeva di poter vincere la gara. Horus realizzò la sua barca in legno anziché in pietra e poi la intonacò con una pietra più chiara per darle l'aspetto della pietra.

La gara iniziò e Horus era in testa grazie alla galleggiabilità della barca. La barca di Set, invece, si muoveva lentamente e alla fine affondò nel Nilo. Set fu deriso e ridicolizzato per la sua facile sconfitta. Horus terminò la gara, ma non prima che il dio del caos si trasformasse in ippopotamo e rivelasse l'inganno all'interno della barca di Horus. Gli dei ammisero che Horus era stato squalificato per imbroglio, mentre Set era stato squalificato per condotta antisportiva. Di conseguenza, iniziò la prova finale.

Il processo finale: Lettere a Osiride

Gli dèi non erano ancora riusciti a raggiungere un voto unanime, quindi ritenevano che il sovrano originario dovesse avere voce in capitolo sul nuovo sovrano dell'Egitto. Ogni dio fu incaricato di scrivere una lettera al dio degli Inferi, giustificando le proprie pretese al trono.

Osiride lesse ogni lettera ed emise il suo verdetto finale. Si pronunciò a favore del figlio perché riteneva che nessuno avesse il diritto di regnare sull'Egitto dopo aver ucciso il re precedente. Le altre divinità concordarono con questa sentenza e Set fu condannato all'esilio nel deserto. Da quel momento in poi fu conosciuto come il dio del deserto e delle tempeste.

Altre rivisitazioni

Alcune versioni del mito prevedono finali diversi per le numerose battaglie tra Horus e Set. Ad esempio, alcune versioni sostengono che Set non fu condannato all'esilio, ma fu ucciso da Horus. Sebbene questa fosse una fine soddisfacente per il regno di terrore che Set aveva portato sugli Egizi, non era l'unica versione di questa storia.

Altre versioni del mito ritraggono Horus come un dio gentile e clemente, e lui e Set si erano accordati per dividere la terra in due parti, ognuna delle quali rappresentava il loro dominio. Horus ottenne il regno dell'Alto Egitto, con le città più preziose della terra, mentre a Set fu concesso di governare il Basso Egitto, noto per il suo deserto.

Le conseguenze

L'allontanamento di Set permise al regno di riportare l'equilibrio e l'ordine tra gli Egizi. Ne conseguì una pace che si protrasse per molti anni sotto il governo di Horus. Mentre Horus ricostruiva l'Egitto dallo scempio che il regno di Set aveva prodotto, riuscì a reintegrare Iside come regina regnante e sua zia Nefti come sua consigliera. La sua presenza nel regno inaugurò una nuova era di pace.

Conclusione

Questo mito era ricco di azione, tradimenti, umiliazioni e divinità indecise che, alla fine, presero la decisione giusta. Le numerose battaglie tra Horus e Set hanno consolidato il loro posto nella storia come una delle prove più contorte per determinare un sovrano. Poiché Horus ebbe successo e fu considerato l'indiscutibile erede al trono, il diritto divino di governare oscurò ogni dubbio precedente. Poiché le generazioni successive di re e faraoni credevano di discendere dagli dèi stessi, i futuri re d'Egitto celebrarono Horus e si considerarono la reincarnazione di Horus. Se da un lato questo mito era considerato uno dei più grandi e importanti, dall'altro metteva in guardia dalle ripercussioni di un peccato mortale. L'omicidio e lo stupro, soprattutto di un giovane re, erano puniti con mezzi estremi.

Il prossimo capitolo sarà un mito un po' più leggero nell'umore e nel contesto. Questa storia intreccia un racconto sull'amore e sull'importanza della pazienza. La storia in sé può sembrare familiare, quindi continuate a leggere per scoprire perché.

CAPITOLO 6: LA RAGAZZA CON LE SCARPETTE ROSSE

"La ragazza dalle scarpette rosa" è un racconto che parla di amori fatali e di romanticismo. Il mito ruotava attorno a una giovane donna greca di nome Rodopis, schiavizzata in una città egiziana. La donna perse un suo oggetto prezioso e temeva che non sarebbe più tornato, ma poi un visitatore a sorpresa si presentò alla sua porta e alla fine i due si sposarono. Se questa storia vi sembra un po' troppo familiare, il motivo è che questo mito è stato la prima interpretazione scritta della comune favola di "Cenerentola".

Gli antichi Egizi ritenevano che tutti gli aspetti della vita fossero importanti e le storie d'amore e d'amore risuonano con molte persone. Gli antichi Egizi possono aver avuto tendenze morbose nella loro narrazione, ma una delle loro storie d'amore è ancora oggi importante nella cultura popolare.

La vita da schiavo di Rhodopis

Secondo il mito, la protagonista di questa storia, una bellissima donna greca di nome Rodopis, era una giovane donna timida e tranquilla. Per la maggior parte della sua giovane vita fu schiavizzata e mantenuta da uomini ricchi. Spesso aveva il compito di cucinare, pulire e occuparsi della casa, come gli altri schiavi dell'isola in cui era tenuta. All'inizio la sua storia fu piuttosto tragica, ma col tempo riuscì a conquistare il cuore di un intero impero.

Rapito dai pirati e venduto in schiavitù

Rhodopis non ha mai conosciuto i suoi genitori. Era stata rapita dai pirati quando era molto giovane. I pirati la vendettero a un mercante di schiavi in Grecia, che trasse profitto dal suo rapimento e dalla sua eventuale riduzione in schiavitù. Poiché era così piccola, fu allattata e curata dagli altri schiavi. L'uomo che la comprò viveva sull'isola di Samos, dove aveva un'abbondanza di schiavi.

La giovane donna era tranquilla e timida, ma anche molto gentile. Aveva molti rapporti di amicizia con gli altri schiavi, soprattutto con Esopo. Esopo era considerato un uomo brutto e vecchio, ma gentile, che raccontava sempre storie e fantasie di animali selvatici e di magia. Le sue storie la affascinavano. In quei momenti, i suoi dispiaceri venivano spazzati via.

Da bambina, Rhodopis sognava una terra dove poter essere libera dalla sua schiavitù. Quando divenne una giovane e bella donna, il suo schiavista decise che avrebbe potuto trarre profitto dalla sua bellezza. Fu costretta a lasciarsi alle spalle la sua vita precedente e a diventare proprietà di un altro uomo in Egitto.

La barca degli schiavi approdò poco dopo nella città egiziana di Naucratis. Disorientata, fu poi gettata in una gabbia per essere esposta nelle strade della città. Le strade ospitavano anche molti greci, come modo per il faraone di aprire il commercio. Il faraone dell'epoca si chiamava Amasis e considerava questa città portuale uno dei porti cruciali per il commercio, che comprendeva anche la tratta degli schiavi. Inoltre, temeva di rafforzare i suoi alleati per aiutarli a respingere l'Impero persiano.

La città era quasi interamente di cultura greca, ma vi abitavano ancora molti egiziani. Al centro di Naucratis si sviluppò il commercio degli schiavi.

Guardando la città, sembrava che tutto fosse condannato per la giovane Rhodopis. Mentre gli altri schiavi venivano messi all'asta, lei temeva un destino peggiore della morte. Tuttavia, in agguato tra la folla, un vecchio greco aveva notato la sua bellezza. Quando iniziò l'asta, il vecchio alzò l'offerta e la comprò.

Charaxos

Quando il vecchio reclamò il suo premio, disse di chiamarsi Charaxos. Era un ricco mercante che si era ritirato in città dopo una vita di commercio con l'Egitto. Charaxos era in soggezione per la sua bellezza, come tutti gli altri, e accompagnò il suo premio a casa. Invece di rimanere in silenzio, la donna gli raccontò le cronache della sua vita fino a quel momento. Il racconto commosse profondamente Charaxos, che provò persino pietà per la povera giovane. Voleva aiutarla il più possibile e, col passare del tempo, assunse il ruolo di padre.

La nuova vita del lusso

Charaxos fu immediatamente colto di sorpresa quando guardò la bellezza dalla pelle chiara, con i capelli scuri e fluenti e le guance rosee. Era come una figlia ritrovata per lui e le diede tutto ciò che desiderava. Anche se Charaxos non aveva mai avuto figli, era attratto da lei e voleva proteggerla. Col tempo, i due si avvicinarono. Erano entrambi felici. I doni che le fece comprendevano una casa con un giardino nel cortile situato al centro della casa, schiavi che la accudissero e numerosi abiti e gioielli.

Le pantofole rosa

Uno dei regali a cui teneva di più era uno splendido vestito completo di un paio di scarpe rosa e di una cintura ornata di gioielli. Lo indossava spesso alle varie feste e agli incontri sociali a cui era ormai abituata. Oltre a questo vestito, passava la maggior parte del tempo all'aperto, in giardino. Nel giardino stesso c'era una vasca di marmo splendidamente decorata, dove faceva il bagno e osservava la natura.

La scena del crimine

Era una giornata tipica della famiglia. Rhodopis faceva spesso il bagno a metà giornata, durante l'estate, per rinfrescarsi. Si spogliò nel cortile mentre le schiave preparavano il bagno per lei. Appoggiava le ciabatte e la cintura sul tavolo sul lato opposto del cortile. Una volta terminato il bagno, le schiave fecero la guardia ai suoi beni più cari.

Si sdraiò nella vasca da bagno, assaporando l'acqua fresca contro la pelle. Si posizionò per osservare la natura come faceva di solito, quando all'improvviso un'aquila scese in picchiata e afferrò una delle scarpe con gli artigli. Le schiave si dispersero rapidamente, scappando per la paura e lo shock. Anche Rhodopis rimase scioccata. Si alzò in piedi mentre l'aquila reclamava il suo premio, ma con la stessa rapidità con cui era arrivata, se ne andò. Alla giovane Rhodopis sfuggì un sussulto di orrore. Guardò l'aquila mentre volava via in direzione del Nilo verso una destinazione sconosciuta. Sconvolta, si allontanò dal bagno e pianse nella sua st anza.

L'arrivo del destino

L'aquila volò a Memphis, dove il faraone Amasis sedeva nel suo grande cortile, ascoltando i suoi elettori. Ascoltava i loro problemi con cuore aperto e prendeva decisioni basate sul modo migliore per proteggere e provvedere al suo popolo. Il compito poteva essere scoraggiante, ma lui voleva solo salute, felicità e armonia per gli egiziani.

La stessa aquila atterrò di fronte al re, bloccandogli la visione di uno dei contadini di fronte a lui. L'aquila lasciò cadere la scarpa di fronte a lui e lo fissò per qualche breve istante prima di andarsene e librarsi nel cielo.

Amasis strinse la scarpa davanti a sé. Credendo che fosse un segno di Horus, il dio dei faraoni, esaminò attentamente il contenuto della scarpa. Era ben fatta, con materiali costosi e con dettagli intricati, compresi i piccoli e delicati gioielli che rivestivano l'esterno; sapeva che il proprietario della scarpa sarebbe stato altrettanto squisito.

Proclamò la sua volontà di trovare la proprietaria della scarpa, restituirgliela e riportarla a Memphis come sua sposa. Inviando i suoi messaggeri in tutte le città dell'Egitto, rimase a Memphis fino a quando non fu scoperta la sua futura sposa.

Una nuova vita di lusso

Dopo diversi mesi, il faraone si spazientì per la mancanza di notizie da parte dei suoi messaggeri. Avevano cercato in lungo e in largo un proprietario con la stessa scarpa, ma senza successo. Alcune famiglie cercarono di contraffare la scarpa, ma ogni pretesa si rivelò falsa. Alla fine si sparse la voce che la vera proprietaria della scarpetta fosse una giovane donna greca che viveva con uno degli uomini più ricchi di Naucratis. Uno dei messaggeri riferì la voce ad Amasis. Fidandosi dei suoi consiglieri, egli salpò verso la grande città e giurò di non tornare a Memphis finché non avesse trovato il legittimo proprietario della scarpetta.

Gli amanti si uniscono finalmente

Amasis e alcuni dei suoi messaggeri attraccarono al porto di Naucratis. Una volta arrivati in città, chiese a diversi passanti per strada dove avrebbe potuto trovare la donna con la scarpa rossa. Alcuni di loro erano nuovi della città, ma c'era una schiava che sapeva dove viveva la giovane greca. La donna diede quindi indicazioni ad Amasis e ai suoi uomini. La schiava aveva detto che un tempo la giovane era stata una schiava come lei, ma poi un uomo dall'animo gentile l'aveva comprata e trattata come una figlia perduta da tempo. Amasis capì che la donna era la giusta proprietaria e, sollevato, si recò a casa di Rhodopis.

Rodopis era in giardino quando sentì bussare alla sua porta. Non aspettandosi nessuno, aprì cautamente la porta e fu molto sorpresa di vedere il Faraone sulla soglia.

Amasis rimase folgorato dalla sua bellezza. Poi le mostrò la scarpa che le era stata rubata molti mesi prima. Gridò di sollievo perché la sua preziosa scarpetta le era finalmente tornata. Allungando il piede, Amasis fece scivolare la scarpa sul suo piede delicato e scoprì che era davvero sua. Rhodopis chiese allora alle sue schiave di recuperare la gemella della scarpa, in modo che la coppia potesse ricongiungersi.

Una proposta di matrimonio insolita

Dopo aver avuto la conferma che Rodopi era la donna che aveva cercato, decretò che doveva tornare a Memphis con lui per diventare la sua regina. Era un'offerta che lei non poteva rifiutare. Non solo la parola del faraone era legge, ma era anche molto attratta da lui. Con l'aiuto dei suoi schiavi, impacchettò rapidamente i suoi averi e si accomiatò da Charaxos, che si era preso cura di lei. Charaxos era titubante nel vederla partire, ma sapeva che avrebbe provveduto a lei.

Quando i due tornarono a Memphis, Amasis sposò Rodopis. Si dice che la coppia godesse di una vita di armonia, salute e lusso, anche fino alla morte. Secondo la leggenda, morirono lo stesso giorno per attraversare insieme l'aldilà.

L'altra versione

In altre varianti di questo mito, si trattava piuttosto di una vera e propria storia di arricchimento, che rispecchiava più da vicino la vera storia di Cenerentola. In questa versione, Rhodopis era ancora schiavizzata, ma non da un vecchio gentile e cortese. Al contrario, era spesso costretta a nascondere le sue scarpette agli altri schiavi che sarebbero stati tentati di rubarle. Per lei, le scarpe erano l'unica parte della sua vita precedente che ricordava. Non ricordava cosa le legasse a lei e alla sua famiglia, perché le erano state tolte in tenera età.

Viveva e lavorava in una grande casa su una delle rive del fiume Nilo, molto popo-lata di schiavi. Gli schiavi maschi e gli uomini che visitavano la casa guardavano costantemente la sua bellezza. Le altre schiave erano gelose delle attenzioni che riceveva dagli uomini, ritenendo che avesse anche un'aria arrogante. La giovane Rhodopis era tranquilla e timida, e non reagiva quasi mai alle avances degli uomini.

Le schiave sapevano che Rhodopis custodiva un tesoro inestimabile: scarpe rosse e gioielli delicati. Le donne gelose cercavano di individuare il tesoro, ma Rhodopis lo nascondeva troppo bene.

Il nascondiglio segreto

Dopo una lunga giornata di lavoro, spesso toglieva le pantofole dal loro nascondiglio e guardava i gioielli catturare la luce del sole e della luna. Era affascinata dai numerosi colori che risplendevano dai gioielli. Quando era soddisfatta e il suo umore si risollevava, le riponeva nel suo nascondiglio fino alla volta successiva in cui avrebbe avuto bisogno di sentirsi meglio.

Una notte non riuscì ad addormentarsi. La notte era tranquilla e decise di osservare i gioielli sulle sue scarpe al chiaro di luna. Rhodopis si recò quindi nel suo nascondiglio designato, dove ammirò la luce che brillava sui gioielli. L'illuminazione la incantò e i suoi problemi svanirono per qualche breve istante. Mentre rimetteva a posto le scarpe, un'aquila scese dal cielo notturno e le rubò una scarpa. Quando capì che la scarpa era perduta per sempre, tornò nella sua culla e pianse fino ad addormentarsi.

La (quasi) stessa risoluzione

La trama principale della storia è rimasta invariata in questa versione, ma ci sono state alcune differenze. Uno dei consiglieri di Amasis scoprì la sua posizione e le fece provare la scarpa entro quattro giorni. Il consigliere, soddisfatto del suo aspetto, sapeva che il re sarebbe stato grato dell'esistenza di una donna del genere. Il faraone si innamorò immediatamente di lei quando la vide per la prima volta e si sposarono poco dopo.

Quando il consigliere arrivò a casa, rispose una delle altre schiave. Si informò sulla schiava che aveva perso un'intrigante scarpa rossa con gioielli. Secondo lui, questa donna non avrebbe avuto modo di possedere la gemella della scarpa; se si fosse trattato di una falsa dichiarazione, sarebbe stata punita.

Credendo che il Faraone si trovasse a casa sua per punire Rodopi per aver conservato un cimelio così prezioso, la donna scortò il consigliere, che pretese la prova che lei era davvero la proprietaria della scarpa. Rodopi mostrò allora al consigliere dove aveva nascosto l'altra scarpa. Preso alla sprovvista dal fatto che la schiava stesse dicendo la verità, le ordinò di seguirlo a Memphis per diventare la regina d'Egitto.

La famiglia che serviva era arrabbiata per il fatto che una delle loro schiave fosse stata portata via, ma il consigliere le donò un braccialetto d'oro puro come pagamento per lei. Fu poi scortata a Memphis, dove sposò il Faraone e con lui ebbe una vita felice.

Conclusione

Non tutti i miti del pantheon egizio sono costituiti da morte e oscurità. Sebbene gli antichi Egizi fossero affascinati dalla morte, essa non dominava completamente le loro vite. Credevano anche che l'amore fosse una forza potente di per sé. Secondo il mito, l'amore era un dono concesso e benedetto dagli dei. Tuttavia, questo mito ha resistito alla prova del tempo. Non solo la stessa storia è stata raccontata da molte generazioni con molte variazioni, ma la convinzione di un "vissero per sempre felici e contenti" era una boccata d'aria fresca nei molti miti che ruotavano intorno alla violenza. Tuttavia, nel prossimo capitolo, la violenza è di nuovo al centro del mito.

CAPITOLO 7: L'OCCHIO DI HORUS

L'occhio di Horus è un simbolo molto conosciuto di guarigione, protezione e onniveggenza. Il mito raccontava che la perdita del suo occhio era stata causata da Set nelle loro numerose battaglie e prove. Non sorprende che la perdita dell'occhio sia stata causata da Set, visti i loro 80 anni di conflitti. Il mito presenta diverse varianti, tra cui i dettagli grafici della storia o la loro mancanza. Esistono diverse narrazioni contrastanti e in questo capitolo verranno discusse due versioni. Ogni mito si differenzia dagli altri per molti dettagli, dalla divinità che ricostruì l'occhio al luogo della sua perdita.

Battaglia per il Regno

Il capitolo 5 racconta la storia di Horus e Set e la loro battaglia per il potere. Set, in alcuni miti, era raffigurato come un bugiardo e l'epitome del male e della gelosia. Sebbene la personalità di Set sia già stata definita, egli ha aperto la strada a uno dei simboli più conosciuti di tutti i tempi.

La perdita dell'occhio in battaglia

Set e Horus hanno spesso ingaggiato una battaglia per il dominio e il diritto di governare l'Egitto. In una versione del mito, la perdita dell'occhio fu il risultato dell'imbroglio di Set, che tentò di affermare la sua pretesa al trono. I due si affrontarono in uno scontro a fuoco. Si dice che i due fossero alla pari, ma Set voleva assicurarsi di vincere la pretesa al trono.

A un certo punto, Set riuscì quasi a sopraffare completamente Horus in un duello armato. Con un movimento rapido, Set strappò l'occhio sinistro del suo avversario. Horus raddoppiò per il dolore. Set gongolava per la sua facile vittoria. Tuttavia, Horus non si lasciò ingannare. Quando Set si distrasse, Horus colpì Set all'inguine, rompendogli i testicoli. Secondo il tribunale, gli dei erano ancora una volta in una situazione di stallo.

Thoth riuscì a ripristinare completamente l'occhio e i testicoli di Set si ristabilirono completamente senza nemmeno una cicatrice. Secondo il mito, l'occhio sinistro era collegato alla luna e ai suoi cicli calanti e crescenti. Poiché l'occhio era stato completamente restaurato da Thoth, era stato percepito come il ripristino dell'ordine dal caos.

Raccogliere i pezzi

In un altro mito, Horus si fece togliere l'occhio da Set mentre dormiva. Dopo una delle battaglie in cui Horus fu sconfitto, si trovò in un luogo remoto e alla fine si addormentò. Sotto la copertura delle tenebre, Set si avvicinò a Horus addormentato e gli strappò un occhio. Horus si svegliò di soprassalto e urlò di dolore. Non riusciva a vedere Set, ma sapeva che dietro l'attacco c'era il dio del caos.

Vittorioso, strappò l'occhio in sei pezzi e li disperse nel Nilo, non diversamente da come aveva trattato il corpo di Osiride tanti anni prima. I pezzi galleggiarono lungo il Nilo ed egli credette che non sarebbe stato sconfitto durante la loro prossima battaglia.

Horus reclutò l'aiuto di Hathor, la dea dell'amore. I due setacciarono il Nilo alla ricerca di tutti i pezzi dell'occhio, ma riuscirono a trovarne solo cinque su sei. Horus e Hathor reclutarono allora Thoth per assemblare i pezzi rotti. Thoth prese i pezzi tra le mani e aggiunse un elemento magico in modo che Horus fosse in grado di vedere l'invisibile e ciò che sarebbe accaduto.

Conclusione

L'Occhio di Horus era un simbolo enorme nella cultura egizia antica. Grazie al suo potere magico e al significato simbolico di protezione, l'occhio sinistro di Horus era ben radicato nell'antica cultura egizia. Veniva inciso su amuleti per proteggere chi li indossava e persino dipinto sulle barche per proteggersi dai danni del mare. L'occhio di Horus, con i suoi numerosi poteri mistici, tra cui quello di vedere tutto, ha consolidato il suo impatto sulla civiltà egizia ed è ancora oggi abbondantemente utilizzato. Un altro occhio che viene spesso confuso con l'Occhio di Horus sarà trattato nel prossimo capitolo in un mito sulla distruzione e sulla potenziale fine dell'umanità.

CAPITOLO 8: L'OCCHIO DI RA

L'Occhio di Ra, che era l'occhio destro di Ra, non deve essere confuso con l'Occhio di Horus, nonostante alcuni testi ne scambino i simboli. L'Occhio di Ra era un altro simbolo di potere, protezione e sole, mentre l'Occhio di Horus rappresentava la luna. Tuttavia, i suoi numerosi poteri tendevano a sovrapporsi a quelli dell'Occhio di Horus, generando confusione tra i due. Il suo simbolo è sempre stato un disco che rappresenta il sole e una coppia di cobra urei che lo circondano. Un mito di Ra si distingueva dagli altri, evidenziando il suo potere distruttivo.

La quasi distruzione dell'umanità

L'Occhio di Ra era un simbolo non solo del potere dei faraoni, ma illustrava anche il potere distruttivo del sole. In alcune versioni del mito, l'Occhio di Ra rappresentava anche le dee che erano legate a Ra, come Hathor, Nut e altre. Hathor, tuttavia, era la dea che giocava un ruolo fondamentale in questo mito. L'occhio fu usato come arma contro l'umanità dopo che Ra era stato deluso dal popolo che aveva creato, significando così la fine della sua creazione.

Il lavoro del set è terminato

Dopo la morte di Osiride, Set diede il benvenuto a una nuova era di uomini con caratteristiche negative come la guerra, la carestia, l'omicidio e persino l'avidità. L'ascesa di Set aveva reso inutili tutte le leggi precedenti e il mondo fu gettato in una tempesta di caos. Dopo che Horus ebbe riconquistato il trono, c'era molto lavoro da rifare e gli dei e il popolo iniziarono a ricostruire il regno.

Tuttavia, il lavoro di Set era già stato fatto. Mentre gli aspetti fisici della terra furono ricostruiti, l'umanità nel suo complesso divenne profondamente turbata. Gli egiziani, un tempo puri di cuore, avevano ormai dentro di sé un'oscurità che non poteva essere annullata. Erano essenzialmente gusci di ciò che erano un tempo, e in essi si nascondevano gli attributi legati alla corruzione e alla brutalità. Non c'era ritorno alla luce dopo che le tenebre si erano insinuate nel cuore degli uomini.

La delusione del Dio Sole

Secondo il mito, il dio del sole Ra era tornato sulla terra dopo aver terminato la creazione dell'universo. Era entusiasta di vedere fino a che punto la civiltà si era espansa e che tipo di progressi avevano fatto in sua assenza. Orgoglioso delle sue conquiste e della sua creazione, tornò sulla Terra. Tuttavia, quando tornò, il regno non era più come l'aveva lasciato. In un istante, percepì la corruzione incancrenita della sua creazione.

Il dio del sole era immensamente deluso dalla sua creazione. Non solo erano lontani dall'evoluzione che aveva previsto, ma c'erano ancora prove dell'influenza corruttrice di Set. Alcuni edifici erano ancora in rovina, c'era il chiaro odore del sangue secco che era stato versato e gli occhi della gente sembravano tormentati e spaventati invece che felici e contenti.

Invece di empatizzare con la sua creazione, Ra si arrabbiò. All'epoca, non si era reso conto della portata del potere di Set e quindi era arrabbiato con il popolo per essersi trasformato in niente di meglio che selvaggi. Di conseguenza, ordinò un genocidio del suo popolo.

L'occhio di Ra

Per punire completamente il popolo, Ra invocò Hathor. Usando il potere del suo occhio, trasformò la dolce e amorevole dea in un messaggero di morte chiamato Sekhmet. Sekhmet era una dea della guerra con una testa di leonessa sul corpo di una donna. Ra le ordinò di uccidere ogni umano che si fosse messo sulla sua strada.

Sekhmet massacrò molti abitanti dell'Egitto senza rimorsi, godendo dell'adempimento del suo dovere. Più sangue versava, più ne desiderava.

All'inizio Ra guardò con piacere Sekhmet che massacrava gli umani sul suo cammino. Tuttavia, la sua furia sanguinaria si era protratta abbastanza a lungo. La dea non mostrava segni di arresto e il luccichio omicida nei suoi occhi si accendeva a ogni uccisione. Ra, sopraffatto dal senso di colpa e dalla preoccupazione per aver posto fine alla sua creazione, procedette a richiamarla. Lei non ascoltò il suo avvertimento e il dio del sole fu costretto a sottomettere la dea.

Sottomettere Sekhmet

Sottometterla non sarebbe stato un compito facile. Ra ha quindi elaborato un'idea che prevedeva birra e tintura rossa per cullarla e farla addormentare. Una volta raccolti birra e melograni, il piano fu messo in moto. Furono raccolti più di 7000 galloni di birra e di succo di melograno in totale e Ra mescolò il succo alla birra per darle il colore cremisi che lei cercava, che fu poi sparso per la città. Sekhmet bevve poi la miscela alcolica.

Una volta sazia, Sekhmet cadeva in un sonno profondo a causa dell'alto contenuto di alcol. Secondo la leggenda, dormì per tre giorni di fila e si svegliò rinvigorita. Dopo essersi svegliata, Ra tolse l'occhio a Sekhmet e lei tornò alla dea Hathor. Anche se la maggior parte dell'umanità era stata divorata, fu in grado di ricostruire. Ra giurò di non usare mai più misure così drastiche contro la sua creazione.

Conclusione

Il mito di Ra e del suo occhio non è così comune come il famoso simbolo dell'occhio di Horus. Tuttavia, il mito illustrava il potere distruttivo del suo occhio, che fu poi utilizzato come simbolo di protezione. Questo simbolo di protezione e il suo potere distruttivo hanno cementato il suo posto nella storia.

L'antica civiltà egizia è stata a un certo punto una potenza mondiale ed è facile capire perché. Con le loro risorse e il loro potere sul popolo, gli Egizi hanno rappresentato un periodo della storia umana in cui miti e leggende erano al centro del sistema di credenze del popolo. Ciò si rifletteva in tutto, dai riti funerari alle numerose dinastie che credevano nel diritto divino di governare. Questa civiltà, con le sue numerose divinità nel pantheon e i suoi miti e leggende, è una delle civiltà più interessanti che ancora oggi suscita stupore e meraviglia. Anche se ci sono ancora molti misteri che ruotano intorno all'antico Egitto, la sua mitologia offre lezioni affascinanti e avventura.